AF602785

RESTAURANT

MATHIEU FILS,

QUAI SAINT-ANTOINE, 22,

Et grande rue Mercière, 22,

à Lyon,

CI-DEVANT GRANDE RUE MERCIÈRE, 35.

LYON. — IMPRIMERIE DE LAMBERT-GENTOT.

Primeurs.

	Fr.	Cent.
. . . .		

Observations.

Les Articles dont les prix ne sont pas fixés manquent.

LES PRIX SONT FIXÉS POUR UNE PERSONNE.

	Fr.	Cent.
Eau de Seltz, la bouteille.		
Petit Pain.		

NOTA. La *Casse* étant à la charge des Garçons de Salle, ils en recevront le prix.

VINS ROUGES.	Fr.	Cent.	VINS ROUGES.
Ordinaire.			
Mâcon.			
Saint-Étienne.			
La Chassagne.			
Morgon.			
Fleuri.			
Torins.			
Bourgogne.			
Givry.			
Mercurey.			
Beaune			
Pommard.			
Volnay.			
Nuits.			
Corton.			
Richebourg.			
Chambertin.			
Romanée.			
Clos Vougeot.			
Bordeaux.			
Ordinaire.			
Médoc.			
Saint-Émillon.			
Saint-Julien.			
La Rose.			
Léoville.			
Mouton.			
Château-Margaux.			
Château-Laffitte.			
Côte du Rhône.			
Hermitage.			
Côte-Rôtie.			
Nerthe.			

VINS BLANCS.

	Fr.	Cent.
Ordinaire Bourgogne.		
Chablis.		
Idem, première qualité.		
Pouilly.		

Bordeaux.

Graves.		
Idem, supérieur.		
Haut-Barsac.		
Sauternes.		

Côte du Rhône.

Hermitage.		
Château-Grillé.		
Hermitage-Paille.		

Vins blancs mousseux.

Champagne.		
Tisane.		
Aï mousseux.		
Idem, rosé.		
Idem, crêmant.		
Sillery.		
Saint-Perret.		
Idem, mousseux.		
Clairette de Die.		
Arbois.		

VINS ÉTRANGERS.				Fr.	Cent.	
Malaga.			Le verre. . .			
Alicante.			*Idem.* . . .			
Rata.			*Idem.* . . .			
Xérès.			*Idem.* . . .			
Chypre.			*Idem.* . . .			VINS ÉTRANGERS.
Malvoisie.			*Idem.* . . .			
Constance.			*Idem.* . . .			
Lacryma-Christi. . . .			*Idem.* . . .			
Grenache.			*Idem.* . . .			
Porto.			*Idem.* . . .			
Tokay naturel.			*Idem.* . . .			
Lunel naturel.			*Idem.* . . .			
Frontignan.			*Idem.* . . .			
Marsalla.			*Idem.* . . .			
Madère			*Idem.* . . .			
Id., retour de l'Inde.			*Idem.* . . .			
Rhin.			*Idem.* . . .			
Johanisberg.			*Idem.* . . .			
Rivesaltes.			*Idem.* . . .			
Muscat Lunel			*Idem.* . . .			
Id., Frontignan. . . .			*Idem.* . . .			

POTAGES.	Fr.	Cent.	POTAGES.
Consommé.			
De santé.			
Au riz.			
Au vermicelle.			
Semoule.			
Purée aux croûtons.			
Julienne.			
Aux choux.			
A la turque.			
A la Crécy.			
Riz à la Crécy.			
Au macaroni.			
Au lait d'amandes.			
Bisque aux croûtons.			
Sagou.			
Purée de Condé.			
A la reine.			
A la purée de marrons.			

HORS-D'OEUVRES FROIDS.

	Fr.	Cent.	
Huîtres, la douzaine.			
Huîtres d'Ostende, la douzaine.			
Un citron.			
Radis.			
Beurre frais.			
Cornichons.			
Achard.			
Tranche de melon.			
Artichaux à la poivrade.			HORS-D'ŒUVRES FROIDS.
Salade d'anchois.			
Thon mariné.			
Olives.			
Olives farcies.			
Jambon de Bayonne à la gelée.			
Idem de Mayence *idem*.			
Saucisson cru de Lyon.			
Rosbiff à la gelée.			
Langue de bœuf à l'écarlate.			
Salade de homard			
Crevettes.			
Deux sardines confites à l'huile.			
Salade (selon la saison).			

HORS-D'OEUVRES CHAUDS.	Fr.	Cent.	
Deux œufs frais.			
Pommes de terre à l'eau de sel.			
Boudins de Bourgogne.			
Idem de Paris.			
Saucisses au naturel			
Idem à la moutarde.			
Idem aux choucroûtes.			
Andouille de Bourgogne.			
Gras-double sur le gril.			
Idem à la lyonnaise.			
Pieds de porc à la Sainte-Menehould.			**HORS-D'ŒUVRES CHAUDS.**
Idem farcis aux truffes.			
Omelette aux fines herbes.			
Idem au lard.			
Idem au fromage.			
Deux œufs pochés à l'oseille ou au jus.			
OEufs brouillés.			
Idem aux truffes.			
Idem aux pointes d'asperges.			
Idem à la tripe.			
Macaroni à l'italienne.			
Idem au gratin.			
Jambon aux épinards.			
Saucisses aux truffes.			
Croquettes de volailles.			
Boudins à la Richelieu.			
Petits pâtés.			
Croustade.			
Rotschild.			
Hatreaux de riz de veau.			
Friteaux de filets de poissons.			

BOEUF.	Fr.	Cent.	
Bœuf au naturel.			
Idem à la sauce.			
Idem sauce tomate.			
Idem à la mode, garni			
Idem aux choux.			
Idem à la choucroûte.			
Entre-côte, sauce piquante.			
Bifteck à l'anglaise.			
Idem aux pommes de terre.			
Idem au beurre d'anchois.			
Idem au cresson.			
Idem sauce tomate.			
Filet de bœuf, sauce piquante.			
Idem sauté dans sa glace.			BŒUF.
Idem aux champignons.			
Idem au Madère.			
Idem aux truffes.			
Idem aux olives.			
Idem aux petits pois.			
Idem aux laitues.			

VEAU.	Fr.	Cent.
Tête de veau au naturel		
Idem **sauce tortue**		
Idem **sauce tomate**		
Langue de veau à l'italienne		
Idem **sauce tomate**		
Idem **à la chicorée**		
Oreille de veau farcie et frite		
Idem **en marinade**		
Idem **sauce tomate**		
Riz de veau au jus		
Idem **sauce tomate**		
Idem **à la chicorée ou oseille**		
Idem **à la financière**		
Idem **aux truffes**		
Idem **à la Montglas**		
Foie de veau sauté aux fines herbes		
Idem **à l'italienne**		
Idem **à la grecque**		
Pied de veau au naturel		
Idem **à la tartare**		
Idem **à la poulette**		
Côtelette de veau au naturel		
Idem **en papillote**		
Idem **aux fines herbes**		
Idem **à la jardinière**		
Idem **à la singarra**		
Idem **à la milanaise**		
Fricandeau à l'oseille		
Idem **dans sa glace**		
Idem **à la chicorée**		
Idem **sauce tomate**		
Idem **aux petits pois**		
Idem **pointes d'asperges**		
Cervelles au beurre noir		
Idem **à la poulette**		
Idem **frites**		
Coquille de cervelles		
Veau froid à la gelée		

VEAU.

MOUTON.

	Fr.	Cent.
Côtelette au naturel		
Idem panée		
Idem sauce piquante		
Idem minute		
Idem à la Soubise		
Rognons à la brochette, à l'anglaise		
Idem, *idem* au beurre d'anchois		
Idem au vin de Champagne		
Idem sautés aux truffes		
Pieds de mouton à l'huile		
Idem à la poulette		
Cervelles de mouton au naturel		
Idem frites		
Idem sauce piquante		
Gigot braisé		
Idem aux pommes de terre		
Idem aux haricots		
Poitrine de mouton panée et grillée		
Idem aux légumes		
Fraissure d'agneau		
Épigrammes d'agneau		

MOUTON.

VOLAILLE.		Fr.	Cent.
Poulet à l'estragon. . . .	la moitié.		
Idem rôti.	*idem*.		
Fricassée de poulet.	*idem*.		
Poulet sauté.	*idem*.		
Idem à la financière. . . .	*idem*.		
Idem aux truffes.	*idem*.		
Idem aux champignons. .	*idem*.		
Idem à la maringo.	*idem*.		
Idem à la tartare.	*idem*.		
Idem en fritot.	*idem*.		
Poularde au gros sel. . .	le quart.		
Idem rôtie.	*idem*.		
Chapon rôti.	le quart.		
Idem au gros sel.	*idem*.		
Idem au riz	*idem*.		
Cuisse de poulet en papillote.			
Marinade de volaille.			
Capilotade de volaille.			
Suprême de volaille.			
Coquille de volaille truffée.			
Galantine de volaille aux truffes.			
Mayonnaise de volaille.			
Pigeon à la crapaudine.			
Idem aux petits pois.			
Idem à la financière.			
Canneton aux navets.			
Idem aux olives.			
Idem aux petits pois.			
Dindonneau rôti, le quart.			
Cuisses de volaille en canneton.			
Filets de canard à l'orange.			
Canard roulé.			
Cuisses de volaille farcie.			

VOLAILLE.

GIBIER.	Fr.	Cent.
Deux mauviettes rôties		
Mauviettes en caisse		
Deux bec-figues rôtis		
Caille rôtie		
Caille en caisse aux truffes		
Roi de caille		
Raille		
Grive rôtie		
Perdreau gris rôti		
Perdrix aux choux		
Perdreau rouge rôti		
Salmis de perdreaux		
Bécassine rôtie		
Bécasse rôtie		
Idem en salmis		
Pluvier doré		
Vanneau		
Ortolan		
Gelinotte		
Coq de bruyère		
Faisan doré		
Levreau rôti		
Filet de lièvre truffé		
Civet de lièvre		
Cuisseau de lièvre rôti		
Lapereau de garenne		
Sarcelle		
Poule d'eau		
Morelle		
Côtelette de chevreuil		
Filet de chevreuil, sauce piquante		
Idem. . . *idem*, sauce tomate		
Idem. . . *idem* aux champignons		
Idem. . . *idem* aux truffes		

GIBIER.

POISSONS D'EAU DOUCE.

	Fr.	Cent.
Goujons frits.		
Tanches frites.		
Idem, sauce piquante.		
Carpe frite. . . . . . . la moitié.		
Idem farcie. . . . . *idem*.		
Idem en robe de chambre. *idem*.		
Barbot frit.		
Brochet au bleu.		
Idem à la sauce.		
Idem à la Chambord.		
Filet de brochet orly.		
Anguille à la tartare		
Idem à la poulette.		
Truite saumonée.		
Idem aux câpres, sauce hollandaise.		
Idem genevoise.		
Matelotte.		
Écrevisses.		
Quenelles de brochet.		
Turban de brochet.		
Bastion d'anguille.		
Perches à la hollandaise.		

Suite de la **MARÉE.**	Fr.	Cent.
Turbot, sauce aux câpres.		
Idem à l'huile.		
Idem, sauce aux huîtres.		
Idem, sauce aux homards.		
Idem à la crême.		
Alose à la sauce.		
Idem à l'oseille.		
Moules à la poulette.		
Idem à la marinière.		
Éperlans frits.		
Langouste, la moitié.		
Homard.		
Huîtres à la poulette, 2 douzaines.		
Coquilles aux huîtres, 2 douzaines.		

MARÉE.	Fr.	Cent.
Deux sardines sur le gril		
Hareng frais sur le gril		
Idem au gratin		
Merlan frit		
Idem au gratin		
Idem à la hollandaise		
Filet de merlan à la orly		
Idem au citron		
Idem au gratin		
Idem aux truffes		
Sole frite		
Idem au gratin		
Idem à la Colbert		
Idem en matelotte normande		
Filet de sole au gratin		
Idem, *idem* aux truffes		
Idem, *idem* à la orly		
Carlet frit		
Idem au gratin		
Limande frite		
Idem aux fines herbes		
Idem au gratin		
Raie au beurre noir		
Idem à la sauce aux câpres		
Maquereau à la maître-d'hôtel		
Idem au beurre noir		
Rouget à la provençale		
Idem aux câpres		
Loup à la provençale		
Idem aux câpres		
Saumon, sauce aux câpres		
Idem à l'huile		
Escalope de saumon		
Idem, *idem* aux truffes		
Saumon à la tartare		
Thon frais, sauce aux câpres		
Idem à l'huile		
Matelotte normande		
Morue à la maître-d'hôtel		
Idem à la hollandaise		
Idem à la provençale		
Coquille de morue à la crème		
Brandade de morue		

LÉGUMES.

LÉGUMES.	Fr.	Cent.
Asperges à la sauce ou à l'huile.		
Asperges en petits pois.		
Petis pois au sucre ou au lard.		
Haricots blancs à la maître-d'hôtel.		
Haricots verts à l'anglaise.		
Idem à la maître-d'hôtel.		
Choufleurs à l'huile ou à la sauce.		
Idem au gratin.		
Artichaux à la sauce ou à l'huile.		
Idem à la barigoule.		
Idem à l'italienne.		
Idem frits.		
Choux de Bruxelles.		
Choucroûte		
Idem garnie.		
Epinards au jus ou à la crême.		
Chicorée au jus ou à la crême.		
Oseille au jus.		
Salsifis à la sauce ou frits.		
Navets à la chartre.		
Laitues au jus ou à la moelle.		
Cardons au jus ou à la moelle.		
Céléri au jus ou à la sauce au beurre.		
Idem frit.		
Pommes de terre à la maître-d'hôtel.		
Idem frites.		
Aubergine farcie.		
Concombre à la poulette.		
Idem farci.		
Macédoine de légumes.		
Coquille aux champignons.		
Croûtes aux champignons.		
Champignons à la provençale.		
Idem à la bordelaise.		
Truffes au vin de Champagne.		
Idem à l'italienne.		
Croûte aux truffes.		
Coquille aux truffes.		
Tomate au gratin.		
Idem à la provençale.		
Lentilles à la maître-d'hôtel.		

LÉGUMES.

ENTREMETS SUCRÉS.	Fr.	Cent.
Omelette au sucre.		
Idem aux confitures.		
Idem aux pommes.		
Idem au rhum.		
Idem soufflée.		
Soufflé de riz ou de fécule.		
Idem au rhum ou à la vanille.		
Idem à la grecque.		
Idem au chocolat.		
Charlotte de pommes.		
Mironton de pommes.		
Pommes au beurre.		
Pommes à l'anglaise.		
Pommes méringues.		
Pommes à la portugaise.		
Pommes au riz.		
Beignets de pommes.		
Beignets de pêches ou d'abricots.		
Charlotte russe.		
Idem glacée.		
Méringue à la crême ou aux confitures.		
Petit pot de crême.		
Idem de fruits ou de liqueur.		
Gelée au rhum.		
Idem au kirch.		
Idem aux oranges.		
Croquettes de riz.		
Plumpuding.		
Fromage bavarois.		
Blanc à manger.		
Puding-diplomate.		
Mendiants et fruits.		
Vol au vent à la Gillon.		
Tourte, confiture.		
Petits gâteaux variés.		

NOTA. Les personnes qui désireront des Mets soufflés sont priées de les demander en commençant leur Diner.

ENTREMETS SUCRÉS.

PATISSERIE.	Fr.	Cent.
Petit pâté au jus.		
Petit vol-au-vent garni.		
Pâté de lièvre.		
Pâté de volaille aux truffes.		
Pâté de foie gras aux truffes.		
Vol-au-vent à la financière.		
Idem au blanc de volaille.		
Idem aux truffes.		
Idem de turbot à la bechamelle.		
Idem de saumon, *idem*.		
Idem de morue, *idem*.		
Idem d'anguille.		

PATISSERIE.

Suite du **DESSERT.**

	Fr.	Cent.
Fromage de Hollande.		
Tomme de Saint-Marcelin.		
Idem, la moitié.		
Pêches à l'eau-de-vie.		
Abricots à l'eau-de-vie.		
Prunes à l'eau-de-vie.		
Griottes à l'eau-de-vie.		
2 Chinois.		
Poires à l'eau-de-vie.		

DESSERT.

	Fr.	Cent.
Poires		
Pommes		
Raisins		
Fraises au sucre		
Groseilles au sucre		
Framboises au sucre		
Cerises		
Pêche au sucre		
Abricots		
Prunes		
3 pommes d'apis		
Amandes vertes		
Amandes à la reine		
Noisettes		
Noix fraîches		
Raisins confits		
Marrons		
Biscuits		
Massepains		
Gelée de groseilles		
Gelée de coings		
Gelée de pommes de Rouen		
Gelée d'abricots		
Confiture de griottes		
Marmelade de coings		
Idem d'abricots		
Idem de pommes		
Salade d'orange à l'eau-de-vie		
Idem au rhum ou au kirsch		
Une orange au sucre		
Figues fraîches		
Idem confites		
Fromage de Gruyère		
Idem de Gex		
Idem de Sassenage		
Idem de Brie		
Idem de Neufchâtel		
Idem, *idem*, la moitié		
Idem, Mont-d'Or		
Idem, *idem*, la moitié		
Idem de Chelster		
Idem de Roquefort		

DESSERT.

CAFÉ, LIQUEURS.				Fr.	Cent.
Café.			La 1/2 tasse. .		
Eau-de-vie de Cognac..			Le verre. . .		
Idem, très-vieille.			*Idem*. . . .		
Idem Dantzik. . .			*Idem*. . . .		
Rhum de la Jamaïque.			*Idem*. . . .		
Crême d'ananas. . . .			*Idem*. . . .		
Idem de barbades. . .			*Idem*. . . .		
Idem de vanille. . . .			*Idem*. . . .		
Idem de noyau. . . .			*Idem*. . . .		
Idem de menthe. . . .			*Idem*. . . .		
Élixir de Garus. . . .			*Idem*. . . .		
Curaçao de Hollande.			*Idem*. . . .		
Eau verte stomachique cristalisée. . . .			*Idem*. . . .		
Marasquin.			*Idem*. . . .		
Anisette de Bordeaux.			*Idem*. . . .		

CAFÉ, LIQUEURS.

www.ingramcontent.com/pod-product-compliance
Ingram Content Group UK Ltd.
Pitfield, Milton Keynes, MK11 3LW, UK
UKHW022001260726
13994UKWH00004B/1880